너를 만나,
나를 더 사랑하게 되었어

김토끼 지음

넥서스BOOKS

너를 만나, 나를 더 사랑하게 되었어

지은이 김토끼(김민진)
펴낸이 임상진
펴낸곳 (주)넥서스

초판 1쇄 인쇄 2021년 9월 15일
초판 1쇄 발행 2021년 9월 24일

출판신고 1992년 4월 3일 제311-2002-2호
주소 10880 경기도 파주시 지목로 5
전화 (02)330-5500 팩스 (02)330-5555

ISBN 979-11-6683-132-4 03810

저자와 출판사의 허락 없이 내용의 일부를
인용하거나 발췌하는 것을 금합니다.
저자와의 협의에 따라서 인지는 붙이지 않습니다.

가격은 뒤표지에 있습니다.
잘못 만들어진 책은 구입처에서 바꾸어 드립니다.

www.nexusbook.com

혹시 그 순간으로

다시 돌아가고 싶으세요?

contents

PART 1.
오늘, 이별을 했다

012 오늘, 이별을 했다
015 이별한 다음 날
016 사람이 어떻게 그래요
018 왜 그렇게
020 이유 같지 않은 이유
022 좋은 사람으로 남고 싶으세요?
024 그래도 너만은
026 이미 지난 이야기
028 안 괜찮아
030 돌이켜보면
032 차라리 다행
034 이미, 이별하는 중이었다
036 내가 정말 싫었던 것
038 나를 버린 당신에게
040 네 소식

042 진짜 속마음
044 이쯤에서, 다시
046 당신
047 당신은 알까
048 끝나지 않은 이야기
050 안부
051 가장 아름다운 계절
052 결국, 너
054 체념
056 그날, 그때, 그곳에서
058 내가 괜찮아지기를
060 혹시
062 이별을 받아들이기까지
064 마지막 인사

PART 2.
조금만 덜 사랑할걸, 후회했다

068 지금 이 순간이 너무도
072 조금만 덜 사랑할걸, 후회했다
074 어떤 이별
075 혼자서는 감당하기 힘들 때
078 소중한 내 인생
080 후유증
082 이 시국의 이별에 대처하는 자세
088 이별을 하고 되는 일이 없었다
092 그때 내가, 그 말을 하지 않았다면
우리는 헤어지지 않았을까?
096 피해야 할 사람
097 그거 다 핑계예요
098 이별은 냉정하게
101 최악의 이별
106 우리가 헤어진 이유

108 고작 그 정도의 관계
110 당신 자신을 먼저 생각할 것
114 이별 후 깨닫게 된 것
116 시간에 속지 말자
118 헤어져줘서, 고맙다
120 새벽 두 시
122 '원래'라는 건 없다
126 다음은 없다

PART 3.
기적과 같은 일이, 내게도 일어나기를

130 기적과 같은 일이,
    내게도 일어나기를

134 다시, 사랑할 수 있을까

137 연애를 해야 하는 이유

138 여자들의 사랑

140 세상에서 제일 좋아

141 너였으면

142 내가 만나고 싶은 사람

144 기억해요

146 망고 튤립의 꽃말이 뭔지 알아?

148 나의 가치를 아는 사람

150 과거는 과거로 묻어두기

151 확신을 줄 수 있는 사람

152 이런 사람 만나세요

153 제발

154 있는 그대로의 그 사람을
    사랑해주기

156 세상에서 내가 제일
    예쁘다는 사람을 만나세요

PART 4.
다시, 연애가 하고 싶어졌다

- 160 나에게
- 162 다시, 연애가 하고 싶어졌다
- 164 행복의 형태
- 166 소개팅
- 168 연애하면 좋을까요?
- 170 그냥
- 172 문득
- 174 있잖아
- 178 당신을 좋아하는 이유
- 180 넌, 감동이었어
- 182 바보야
- 184 누군가를 좋아할 때
- 186 인스타그램
- 188 너는
- 189 너에게
- 190 친구에게
- 191 이상형
- 193 나랑 만나
- 194 너를 만나, 나를 더 사랑하게 되었어
- 195 대성공
- 196 가끔 궁금해
- 198 봄
- 200 연애하세요

PART 1

오늘,
이별을 했다

오늘, 이별을 했다

행복하라던 당신의 마지막 인사에
당신도 행복했으면 좋겠다고 대답했던 건
내 진심이 아니었어.

사실, 나는 당신이 불행하기를 바란다.

사람들 사이에 함께 있으면서도 어울리지 못하고
즐겁고 재미있는 이야기를 하면서도 미소를 잃어버린 채
웃지 못했으면 좋겠다.

길을 걷다가도 문득 걸음을 멈추고
뒤를 확인하게 되는 순간이 많았으면 좋겠고
아무도 없는 창밖을 하염없이 바라보는 시간이 길었으면 좋겠고
텅 빈 집 안을 둘러보며 외로움을 느꼈으면 좋겠고
울리지 않는 핸드폰을 가만히 바라보다가 실망했으면 좋겠다.

밥을 먹다가도
길을 걷다가도
일을 하다가도
잠을 자다가도

시도 때도 없이 내 생각이 나서
내가 너무 보고 싶어서 죽을 만큼 힘들었으면 좋겠다.

그날, 그때, 그 순간,
당신의 행복을 바란다고 했던 건 전부 거짓말이었어.

나 없는 삶이 너무 무료하고 공허하고
재미없고 지루하고 불행해서
결국에는 나 없이 행복해질 수 없다는 걸 깨닫고
다시 나한테 돌아왔으면 좋겠어.

       미안해요.
       하지만 이게 내 진심이야.

이별한 다음 날

인생이란 원래 뜻대로 되지 않는 것 투성이다.

내가 가장 좋아했던 사람은
나를 가장 힘들게 했던 사람이었고
내가 가장 행복했던 순간에 함께했던 사람은
나를 가장 외롭게 했던 사람이었다.

내가 가장 보고 싶은 사람은
내게 가장 많은 상처를 준 사람이었고
내가 가장 붙잡고 싶었던 사람은
어떻게 해도 붙잡을 수 없는 사람이었다.

어떤 것도 내 뜻대로 되지 않았다.

당신 마음도.
내 마음도.
그 어떤 것도.

사람이 어떻게 그래요

너를 너무 좋아해서
네 말이면 뭐든 다 들어주고 싶었고
너를 너무 좋아해서
네가 원하는 건 뭐든 다 해주고 싶었고
너를 너무 너무 너무 좋아해서
너를 위해서라면 내 모든 마음을 주고 싶었다.

결국 그 모든 것들이
내 상처가 되어 돌아올 거라는 걸 알면서도.

너무 잘해주지 마세요.
잘해주면 잘해준 만큼 멀어져 버리는 게
사람 마음이더라고요.

마음을 너무 많이 주지 마세요.
마음을 많이 줄수록
나중에 더 아파지더라고요.

왜 그렇게

그래, 보내줄게.
네가 간다고 하면 보내줘야지.

내가 아무리 좋아도
네가 아니라고 하면
우리는 아무것도 아닌 관계가 되는 거고

내가 아무리 붙잡아도
네가 기어이 가겠다고 하면
우리는 헤어져야 하는 게 맞는 거겠지.

그런데 궁금한 게 있어.

이렇게 쉽게 나를 버릴 거면서
왜 그렇게 나한테 다정했어.

이렇게 쉽게 나를 떠날 거면서
왜 그렇게 많은 약속들을 했어.

이렇게 쉽게 나를 잊을 거면서
왜 그렇게 너를 좋아하게 만들었어.

이별을 할 거라면
시작도 하지 말지 그랬어요.

이유 같지 않은 이유

누군가는 이별의 이유를 이렇게 말합니다.

너무 바빠서.
너무 미안해서.
해야 할 일이 많아서.
마음의 여유가 없어서.
더 이상 행복하게 해줄 자신이 없어서.
어쩔 수가 없어서.

다 변명입니다.

좋았다면 버리지 않았을 거고
버렸다면 거기까지일 뿐인 마음인 겁니다.

어떤가요.

그래서, 나를 버린 그대는
지금 행복합니까?

좋은 사람으로 남고 싶으세요?

"사랑하지만, 우리는 너무 안 맞는 거 같아."

"사랑하지만, 지금은 상황이 좀 안 좋아."

"사랑하지만, 나한테 너는 너무 과분해."

"사랑하지만, 어쩔 수가 없어."

"사랑하지만, 헤어지자."

이별하면서 이런 말 좀 하지 마세요.

누군가를 정말 사랑한다면
어떤 순간이 와도 헤어지자는 말 안 해요.

사랑하는데 왜 헤어져.
개소리 하지 마.
당신은 그냥 좋은 사람으로 남고 싶었던 것뿐이잖아요.

변했으면 변했다고
싫어졌으면 그냥 싫어졌다고
똑바로 말을 하세요.

잡지 않을 테니.

그래도 너만은

다를 줄 알았다.

너만은 어떤 순간에도 나를 믿어줄 거라 생각했고
너만은 어떤 순간에도 내 손을 잡아줄 거라 생각했고
너만은 어떤 순간에도 내 마음을 이해해줄 거라 생각했다.

너만은 어떤 순간이 와도
나에게 그런 사람이 되어줄 거라고 믿었다.

      많이 힘들었다는 걸 알아요.

      그래도 당신만은
      나를 떠나지 말지 그랬어요.

이미 지난 이야기

네가 바쁘다고 해서 화가 난 게 아니야.
예전에는 바쁜 날에도
무엇 때문에 바쁜지
너를 바쁘게 하는 일들이 무엇인지
바쁜 상황들에 대해 설명을 해주었는데
지금은 그저 나에게 연락하는 것 자체를
귀찮아하는 것만 같아
나는 그게 서운했던 거야.

네가 피곤하다고 해서 화가 난 게 아니야.
예전에는 피곤한 날에도
무엇 때문에 피곤한지
너를 피곤하게 하는 문제들이 무엇인지
너에게 일어나고 있는 일들에 대해
내게도 설명을 해주었는데
지금은 그저 나를 만나는 것 자체를
싫어하는 것만 같아
나는 그게 속상했던 거야.

너도 많이 힘들다는 걸 알아.

다만, 예전과 달라진 네 태도에
나에 대한 마음이 변한 걸까 봐
나는 그게 불안했던 거야.

     그때 내가 참았더라면
     그때 내가 이해했다면
     그때 내가 그랬더라면

     우리,
     이별하지 않았을까.

안 괜찮아

이별을 하고 거짓말이 늘었다.

기운이 없어 보인다는 말에는
잠을 못 자서 그런다고 대충 둘러대고
살이 좀 빠진 것 같다는 말에는
일이 바쁘다는 핑계를 댄다.

안색이 안 좋아 보인다며
누군가 걱정스럽게 물어오면
감기에 걸린 것 같다는 거짓말을 하고
무슨 일 있냐는 질문에는
아무 일 없다 말하며 애써 웃어 보인다.

요즘은 그냥
잘 지내는 척, 잘 사는 척, 아무 일 없는 척,
그렇게 지내고 있다.

사실 하나도 안 괜찮은데.
괜찮을 리 없는데.

돌이켜보면

아쉬운 것 투성이었다.

너를 좋아하면서도
쉽게 다가가지 못했고
네가 다가왔을 땐
내 마음을 숨기기 바빴다.

바로 옆에 네가 있는데도
네가 멀어질까 걱정했고
너와 함께하는 매 순간이
행복하면서도 동시에 불안했다.

너에게 늘 좋은 사람이 되고 싶었지만
속상한 마음에 나도 모르게 투정을 부릴 때가 많았고
네가 점점 지쳐가고 있다는 걸 알고 있었지만
그런 너를 지켜볼 수밖에 없었다.

보내고 싶지 않았는데
붙잡을 힘이 남아있지 않았고
널 향한 내 마음은 아직 그대로인데
떠나가는 너를 그렇게 보낼 수밖에 없었다.

너와의 만남은
처음부터 끝까지 아쉬운 것 투성이었다.

차라리 다행

이쯤에서 헤어져서 차라리 다행이다.

나만 노력하고 나만 매달리다 끝난 관계라는 것이
이별 후에는 비참하기만 했는데
지금은 차라리 다행이라는 생각이 든다.

더 이상 상처받을 일도 상처 주는 일도 없이
이쯤에서 멈출 수 있어서.

사람의 마음은 나 혼자 노력하고
나 혼자 매달린다고
얻을 수 있는 게 아니라는 걸
이제는 안다.

더는 아프지 않아도 되니까
차라리 다행이다.

이미, 이별하는 중이었다

돌이켜보면 갑작스러운 이별은 아니었던 것 같다.

내 카톡은 확인하지 않으면서
다른 사람의 인스타그램 사진에
좋아요는 누르고 있던 너.

나와 마주 앉아 이야기를 나누면서도
내가 아닌 핸드폰만 바라보고 있던 너.

언제부턴가 연락의 횟수가 줄고
자꾸만 바빠지고 피곤해지곤 하던 너.

따지고 보면
그 모든 순간들이 이별의 순간이었다.

그래서 나는
왜냐고 묻지 않기로 했다.
이유를 궁금해 하지 않기로 했다.
답을 듣는다고 돌이킬 수 있는 관계가 아니라는 걸 알기에.

이미 시들어버린 마음 앞에서
내가 무엇을 더 할 수 있겠어요.

그냥 조용히 스쳐지나 가세요.

내가 정말 싫었던 것

너의 입에서 나오는 미안하다는 말이
나는 참 싫었다.

이미 속상하게 해놓고,
이미 서운하게 해놓고,
내 마음은 이미 너덜너덜 찢겨졌는데
미안하다는 한마디로 모든 상황이 해결될 거라고 생각하는
너의 안일한 마음이 싫었다.

하지만 곰곰이 생각해보면
미안하다는 말이 싫었던 게 아니었다.

내가 정말 싫었던 건
미안하다는 말보다
내가 서운해 할 걸 알면서
또다시 그런 상황을 반복하는
너의 무심함이었다.

서운한 걸 알면
서운하게 안 했어야지.
속상한 걸 알면
속상한 행동을 안 했어야지.

병 주고 약 주면 뭐해요.
애초에 상처를 안 주는 게 중요하지.

가슴을 찢어놓고
미안하다는 말로 되겠어요?

나를 버린 당신에게

미안할 게 뭐 있나요.
그냥 내가 당신에게 그 정도밖에 안 된 것뿐인데.

이제와 그런 말을 해서 뭐해요.
돌아올 것도 아니면서.

네 소식

혹시나, 하는 기대와
어쩌면, 하는 희망은
버리는 게 좋을 것 같다.

나를 울리는 건 언제나
혹시나, 어쩌면, 으로 시작하는
생각들이었으니까.

잘 지낸다는 소식을 들었어.

그래, 잘 지내길 바랐고
잘 지내는 게 어쩌면 당연한 건데,

내가 너에게 그 정도밖에 안 되는
사람이었다는 사실이
지금 이 순간 못 견디게 힘들다.

진짜 속마음

인터넷을 하다가 이런 글을 봤다.

"그 사람이 그리운 게 아니라
누군가를 미친 듯이 사랑했던 그때의 내가 그립다."

많은 사람들이 공감을 하고 있더라.

그때 그 사람이 그립다기보다는
누군가를 미친 듯이 사랑했던
그때 그 시절 자신들의 모습이 그립다고.

그런데 참 이상하지.
나는, 그냥 네가 그립다.

아무리 많은 시간이 흘러도
설령 네가 나를 잊어버렸다 해도
그래서 이제는 그 모든 추억들이 흐릿해져버렸다 해도
나는 여전히 네가 그립다.

나는 아직도 누군가를 미친 듯이 사랑할 수 있는 사람이고
그 누군가는 다른 사람이 아닌 너였으면 좋겠다.

너이기를 바란다.
그때도, 지금도, 그리고 앞으로도.

그러니까 돌아와.

이 글을 보고 있다면.

이쯤에서, 다시

시간이 약이긴 한가 보다.

네가 준 상처들이 점점 아물어가고
너와의 추억들이 점점 흐릿해지고
너는 그렇게 내게서 점점 더 멀어지고 있는 것 같다.

시간이 약이 되어가는 순간들이 싫다.

이렇게 점점 더 과거의 시간들이 멀어지고
이렇게 점점 더 나는 괜찮아져서
너는 나를 지우고
나는 너를 영영 잃어버리게 될까 봐 겁이 난다.

더 멀어지기 전에
더 흐릿해지기 전에
아무 일도 없었던 것처럼

이쯤에서,
다시 연락을 해준다면 좋을 텐데.
이쯤에서,
네가 다시 돌아와준다면 좋을 텐데.

기다릴까요.
아니면,
여기서 그만 포기할까요?

당신

곁에 두고 싶었다, 간절히 빌어서라도.

잡고 싶었다, 어떻게 해서든.

당신은 알까

우리가 자주 가곤 했던
그곳을 지나칠 때면
나는 아직도
문득,
문득,
뒤를 돌아보곤 한다.

그리고 아무도 없다는 걸
확인한 뒤에야 다시 걸음을 옮긴다.

      아직 희망을 못 버려서 미안합니다.

      당신은 나를 냉정히 떠나버렸는데
      나는 아직 당신이 돌아올 거라는
      착각 속에 살아.

      희망 따위 심어준 적이 없는데.
      당신의 무소식이 또 이렇게 서운합니다.

끝나지 않은 이야기

오랜 시간 동안
누군가를 기다려본 사람은 안다.

기약 없는 기다림의 시간보다
더 힘들고 괴로운 건
'이 사람에게 나는 아무것도 아니구나'
라는 생각이 들 때라는 것을.

                    기다릴 수 있어요.
                    와주기만 한다면.
                    하지만 그게 아니란 걸 알아요.

안부

얼마나 많은 시간이 흘러야
너를 잊을 수 있을까.

여기서 얼마나 더 많은 시간이 흘러야
아무렇지 않아지는 날이 올까.

이제는 네 얼굴조차 가물가물하다고
덤덤한 척, 애써 아무렇지 않은 척하지만
사실은 매 순간 네가 생각나고
네가 너무 보고 싶고
네가 너무 그립고
그때의 우리가 너무 안타깝고
그래서 어쩔 줄을 모르겠고
나는 아직도 그래.

      너는 어때.
      잘 지내?
      나 없이도?

가장 아름다운 계절

너를 추억하고
너로 물들 수 있는
지금 이 계절이 가장 아름답다.

수천, 수만 번을 돌이켜 생각해봐도
너와 함께했던 순간만큼 좋았던 기억은 없다.

나를 버릴 거면 끝까지 나쁜 사람이 되거나
좋은 사람이 될 거면 끝까지 나를 버리지 말거나
둘 중 하나만 했어야지.

결국 떠나버리고 말 거면서
왜 이렇게 좋은 사람으로 남았습니까.

미워하지도 못하게.

결국, 너

차마 스치지 못하고 운명처럼 마주친 사람이
하필이면 너였고,
잊어야 한다는 걸 알면서도
잊지 못해 오랜 시간 그리워한 사람 역시
하필이면 너였고,
너에 대한 모든 것들이 나의 착각이고 오해였음을
알아버린 지금 이 순간도
결국, 너였다.

모든 순간이 사랑이었고,
모든 순간이 간절했었다.

그 모든 순간에 네가 있었다.

체념

기다리고 있다고 하면 언젠가 다시 돌아올 줄 알았다.

우리는 이별을 한 게 아니라
다시 만날 날을 위해 잠시 떨어져 있는 것일 뿐,
언젠가는 우리가 다시 잘될 수 있을 거라 믿었다.

하지만 이제는 안다.

올 사람이라면 내가 애타게 기다리지 않아도
내 앞에 나타날 거고
오지 않을 사람이라면 아무리 내가 기다려도
오지 않을 거라는 걸.

네가 다시 돌아온다면 좋겠지만
오지 않아도 이제는 너를 원망하지 않는다.

우리가 헤어진 건
네 마음이 변해버렸기 때문이 아니라
우리가 인연이 아니었던 거겠지.

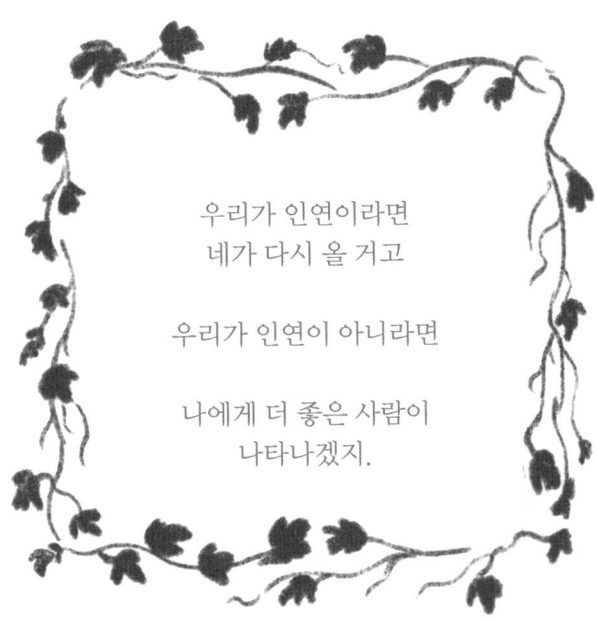

우리가 인연이라면
네가 다시 올 거고

우리가 인연이 아니라면

나에게 더 좋은 사람이
나타나겠지.

그날, 그때, 그곳에서

착각과 오해라고 하기에
너는 너무 다정했고
그 잠깐의 다정함에
나는 너무 크게 흔들려버렸다.

        너는
        아무 잘못 없다.

        흔들린
        내 잘못일 뿐.

내가 괜찮아지기를

이별 후 너와의 재회를 꿈꾸며
유튜브 같은 곳에서 타로점을 한참 찾아보던 때가 있었다.

〈재회운〉
〈그 사람의 현재 마음〉
〈언제 다시 나에게 연락이 올까?〉
〈재회하기 좋은 시기〉 등등...

하루 종일 그런 영상을 찾아보며
결과가 좋게 나오면 안심을 하고
결과가 나쁘게 나오면
원하는 결과가 나올 때까지
다른 영상을 찾아보곤 했다.

하지만 몇 날 며칠을 기다려도
네가 나에게 돌아오는 일은 없었고
타로에서 아무리 좋은 결과가 나와도
너와 내가 헤어졌다는 사실을
돌이킬 수는 없었다.

이제는 유튜브에 그런 영상이 뜨더라도 그냥 지나친다.
예전에는 네가 돌아오기만을 간절히 바랐다면
이제는 너 없이도 내가 괜찮아지기를 간절히 바란다.

무사히 오늘이 지나가기를.
부디, 제발, 지나가기를.

혹시

그 순간으로 다시 돌아가고 싶으세요?

아니요.

이건 너무 아파요.
이건, 너무, 아파요.

누군가를 사랑하는 게 이런 거라면,
누군가를 바라보는 게 이런 거라면,
누군가를 기다리는 게 이런 거라면,
누군가를 보낸다는 게 이런 거라면,
누군가를 떠난다는 게 이런 거라면,

이건, 너무, 아파요.

이별을 받아들이기까지

네가 다시 돌아오기만을 기다렸다.

하루에도 수십 번씩 너의 인스타그램에 들어가 보고
너의 카톡 프로필 사진을 확인하며
지금 네가 어떤 생각을 하고 있는지 가늠해보려고 했다.

어쩌면 너도 나를 그리워하고 있진 않을까.
나처럼 괴로워하고 있지 않을까.
지금 이 순간에도 내 생각을 하고 있진 않을까.

아니라는 걸 알면서도
네가 어쩌면 다시 돌아올지도 모른다는
희망을 버리기가 힘들었다.

시간이 아주 많이 흐른 뒤에야 알게 됐다.
그 모든 것들이 나의 헛된 기대일 뿐이라는 걸.

우리는 이미 끝났고

다시 돌이킬 수 없는데.

이 사실을 받아들이는 데 참 오랜 시간이 걸렸다.

    잘 가.
    이제야 널 보낸다.

마지막 인사

예전에는
어떻게든 너와 다시 재회하고 싶었는데
지금은 그런 생각조차 지운 지 오래다.

사랑도
미움도
그리움도
이제는 그 어떤 감정도 남아있지 않다.

누가 그러더라.
관계에도 골든타임이라는 게 존재한다고.

관계를 돌이키기에는
이미 너무 멀리 와버린 것 같다.

많이 사랑했고
오래 아팠다.

우리,
다시는 만나지 말자.

PART 2

조금만 덜 사랑할걸,
후회했다

지금 이 순간이 너무도

이별을 하고 내가 가장 많이 들었던 말은
"시간이 약이야"라는 말이었다.

나도 안다.
시간이 모든 것을 해결해줄 거라는 거.
지금 이 순간이 죽을 만큼 고통스러운 것뿐
시간이 지나면
지금 나를 힘들게 하는 모든 것들이 괜찮아지고
흐릿해질 거라는 거.

하지만 그 사실을 알아도
지금 이 순간만큼은 아무런 위안이 되지 않는다.

지금 당장 그 사람이 너무 보고 싶고
지금 당장 그 사람이 너무 그리운데.
지금 당장의 고통이 너무 큰데.

시간이 약이다,
곧 괜찮아진다,
잠깐 아픈 거다,
금방 다 지나간다,
이런 말들이 다 무슨 소용이란 말인가.

시간이 지나면
언젠가는 괜찮아진다는 걸 알아도
지금 이 순간은 죽을 만큼 아프다.

그 어떤 말도
그 어떤 것도
지금 이 순간의 고통을 나아지게 할 수는 없다.

매일 기도한다.

지금 내가 맞닥뜨린 이 불행이
피할 수 없는 것이라면
기어이 받아들여야만 하는 것이라면
이 불행의 크기는
내가 감당할 수 있을 만큼의 크기이기를.

견딜 수 있을 만큼의 고통과
참을 수 있을 만큼의 아픔과
버틸 수 있을 만큼의 시련이기를.

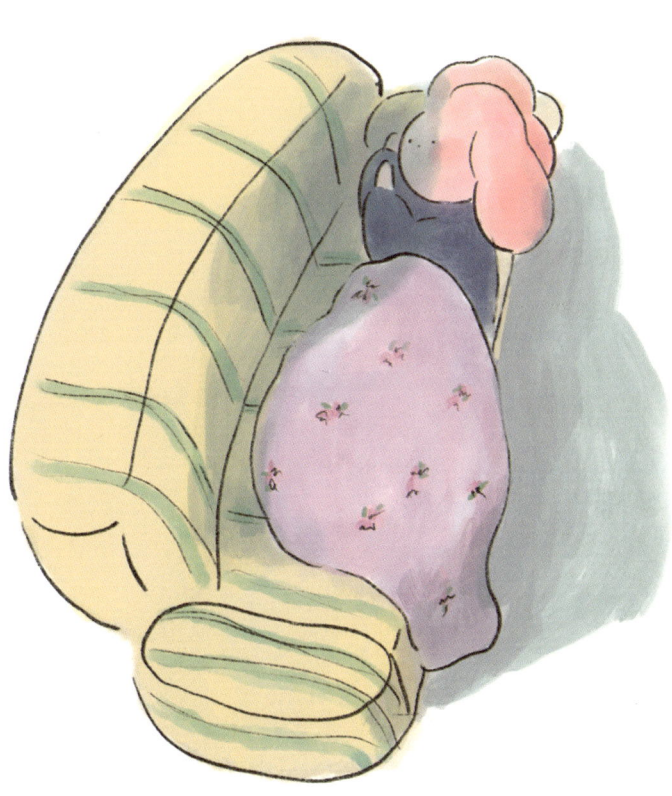

조금만 덜 사랑할걸, 후회했다

조금만 덜 사랑할걸, 후회했다.
조금만 덜 사랑했다면 헤어지고 나서도
이렇게 아프진 않을 텐데.

조금만 덜 믿을걸, 후회했다.
조금만 덜 믿었다면 헤어지고 나서도
이렇게 비참하진 않을 텐데.

앞으로는 연애를 하더라도
적당히 사랑하고
적당히 믿어야겠다는
다짐을 했던 적이 있다.

하지만 몇 년이 지나
새로운 사랑이 시작되었을 때
나는 또다시 최선을 다해 누군가를 사랑하고
최선을 다해 누군가를 믿어주고 있었다.

그리고 최선을 다해 사랑한 그 누군가와도
얼마 지나지 않아 헤어졌고

나는 또다시 적당히 사랑할걸, 하고 후회했다.

그 짓을 몇 번이나 반복하고 나서야 깨달았다.
나는 누군가를 적당히 사랑할 수 없는 사람이라는 걸.

이렇게 아프고 힘들어질 거라는 걸 알면서도
누군가를 사랑함에 주저함이 없는 멋진 사람이라는 걸.

        사랑하는데 적당히가 어디 있어.
        바라만 보고 있어도 좋아서 미쳐버리겠는데.

        사랑하는데 적당히가 된다면
        그건 진짜 미쳐버린 거거나
        사랑하지 않는 거거나
        둘 중 하나겠지.

어떤 이별

사랑해도 이별할 수 있다는 말,
예전에는 믿지 않았는데
그 말이 무슨 뜻인지
이제는 조금 알 것도 같다.

사람이 사람에게 지치면
화를 내야 할 상황에도 화를 내지 않게 되고
서운해야 할 상황에도 서운해 하지 않게 된다.
화를 내지 않고 서운해 하지 않게 되면
마음이 점점 병들어가고
마음이 점점 병들어가면
결국에는 그 사람을 포기하게 된다.

그 사람을 여전히 사랑하지만
이별을 결심해야 할 때가 있다.

사랑하지 않아서가 아니라,
이미 너무 지쳐버려서.

혼자서는 감당하기 힘들 때

이별을 한 후 한동안은 내가 이별을 했다는 사실을
아무에게도 알리지 않았다.

이별의 아픔을 감당하기도 이미 충분히 괴로운데
애써 아무렇지 않은 척하며 이별했다는 사실을 누군가에게
일일이 설명해야 하는 상황이 내게는 너무 힘들었다.

가족들과 친구들에게도 최대한 티를 내지 않았고
직장에서도 평상시와 다름없이 출근을 하고, 일을 하고,
퇴근 시간이 되면 퇴근을 하고 그렇게 조용히 회사를 다녔다.

그때까지만 해도 나는 스스로 잘 버티고 있다고 생각했다.

그렇게 몇 주가 지난 후
어느 정도 안정이 된 것 같을 때 친구를 만나
내가 이별했다는 사실을 털어놨다.

내 이야기를 조용히 듣고 있던 친구는
놀란 듯 한동안 말이 없다가 이내 조심스럽게 나를 보며 물었다.

"괜찮아?"

그 한마디에 이미 말라버린 줄 알았던 눈물이
홍수처럼 터져 나왔다.
스스로 잘 버티고 있다고 생각했지만 그게 아니었다.

나는, 괜찮지, 않았다.

그날 친구와 헤어지고 집으로 돌아오면서 생각했다.

나의 불행을 누군가에게 털어놓는 게
고통스러운 일인 줄만 알았는데
막상 털어놓으니 조금 힘들긴 했지만
오히려 속이 한결 편해지는 느낌이었다.

그러니 이 글을 읽고 있는 당신도
그 모든 것들을
혼자서 감당하려고 하지 않았으면 좋겠다.

당신의 아픔을 누군가에게 털어놓는 게,
그 아픈 순간을 떠올리며
그때의 기억을 누군가에게
일일이 설명해야 하는 게,
아무리 고통스럽고 힘들더라도
당신 혼자서 감당하기 힘든 아픔이 있다면
주변에 있는 좋은 사람들과 함께
그 아픔을 나누기를 바란다.

당신이 손을 내밀기만 하면
그들은 언제 어느 순간에도
기꺼이 당신의 위로가 되어줄 테니까.

소중한 내 인생

이별 후 충동적으로 음악 어플을 지웠다.
무슨 노래를 들어도 모두 내 이야기 같아서.

이별 후 한동안 집 안에만 있었다.
어느 곳을 가든 그 사람과의 추억이 떠올라서.

이별 후 엄마의 전화를 받지 못했다.
전화를 받는 순간 눈물부터 나올 것 같아서.

이별 후 친구들을 만나지 못했다.
이별의 순간을 이야기하는 게 너무 괴로울 것 같아서.

어떤 것도 할 수 없었고 어떤 것도 하고 싶지 않았다.

그렇게 며칠간을 방구석에 처박혀서
혼자 땅굴만 파고 있었는데
우울하고,
우울하고,
또 우울해서,
정말 미쳐버릴 것 같았다.

그래서 나는 슬그머니 음악 어플을 다시 깔았다.
그리고 집 앞 공원에 나가 산책을 하고 엄마에게 전화를 했다.
그다음 날은 친구를 만나 밥을 먹고 술도 마셨다.

그제야 좀 살 것 같았다.

나를 포기하고 떠나간 사람 때문에
내 삶의 중요한 것들을 포기하고 살지 말자.

        떠난 그 사람 때문에
        당신이 무언가를 포기하고 살아가기엔
        당신의 인생이 너무 아깝고
        당신은 존재만으로 너무 소중하다.

후유증

나이가 들면서
나에게 중요하고 소중한 것들이
하나둘씩 늘어가는 게
그리 좋은 것만은 아니라는 걸 알게 됐다.

누군가를 잃어본 사람은 안다.

소중한 것일수록 더 빨리 멀어지고
미련을 가지고 매달릴수록
가슴에 더 큰 상처를 남긴 채
다시 돌아올 수 없는
먼 곳까지 떠나버린다는 것을.

이 시국의 이별에 대처하는 자세

이별 후 한 달 동안 직장과 집을 오가며 우울해하기만 했다.
그러다 어느 순간 이렇게 살면 안 되겠다는 생각이 들었다.

누군가와의 헤어짐은 슬픈 일이지만
그래도 나는 꿋꿋이 내 인생을 살아가야 하니까.
우울할 때 우울하더라도 좀 더 생산적인 일을 하면서
우울해하기로 결심을 했다.

그래서 뭘 해야 할지 곰곰이 생각을 해봤다.

먼저 연애를 하며 살이 많이 쪘기 때문에 헬스장에 등록을 했다.
평소 관심 있었던 독서 모임과 그림 모임에도 가입을 했고
친구들에게 연락을 해 여행 계획도 세웠다.

하지만 헬스장은 내가 등록을 한 지 얼마 지나지 않아
사회적 거리두기로 인해 임시 휴업에 들어갔고
가입한 모임에서는 당분간 활동이 없을 거라는 연락을 받았다.
시국이 시국인지라 여행 약속도 모두 취소할 수밖에 없었다.

사랑에 타이밍이 중요하다는 말은 많이 들어봤지만
이별에도 타이밍이 중요하다는 걸
이 시국에 이별을 하면서 알게 됐다.

연애하느라 하지 못했던 취미생활을 지금부터 열심히 할 거라고,
살을 빼서 그 사람을 만나기 전보다 더 예뻐질 거라고,
우울한 생각조차 들지 않게 친구들을 만나고
여행을 떠날 거라고,
다짐했던 모든 것들이 수포로 돌아가는 순간이었다.

나는 또다시 직장과 집을 오가며
홀로 우울한 시간을 보낼 수밖에 없었다.

그렇게 얼마간을 우울의 늪에 빠져 뒹굴거리다가
유튜브를 보면서 홈트레이닝을 시작했다.
그리고 온라인으로 진행하는 독서 모임과 그림 모임에
다시 가입을 했다.
친구들과 여행을 갈 순 없었지만
친구들을 한 명씩 우리 집에 초대해 맛있는 걸 해 먹으며
바쁘게 시간을 보냈다.

물론 바쁘게 생활하는 와중에도
드문드문 헤어진 그 사람 생각이 났고
나는 여전히 우울했다.

하지만 아무것도 하지 않고 가만히 있을 때보다는 덜 우울했다.

그렇게 몇 주가 더 지났을 때
나는 홈트레이닝을 통해 살을 2킬로그램 정도 뺐고
친구들을 집에 초대해 요리를 해주느라 요리 실력이 늘었고
온라인 모임으로 책을 5권 읽고 그림을 8장이나 그렸다.
그리고 누군가 나에게 "괜찮아?"라고 물으면
"괜찮아"라고 웃으면서 대답할 수 있을 정도로
마음의 안정을 되찾았다.

이 일을 계기로 내가 깨닫게 된 게 세 가지 있다.

누군가와의 헤어짐은
내가 상상하는 것 이상으로 고통스럽다는 것.
이 끔찍한 고통이 언제 끝날지 모른다는 것.

하지만 나는 그 모든 고통을 이겨내고
결국에는 웃으며 "괜찮다" 말할 수 있는 강한 사람이라는 것.

그러니까, 지금 이 글을 보고 있는 당신도
부디 잘 버텨내기를 바란다.

왜 하필,
이 시국에,
이 타이밍에,
이 상황에, 라는 생각이 들어
하루하루가 고통스럽고 괴롭더라도
포기하지 말고
당신의 소중한 인생을 꿋꿋이 살아가기를 바란다.

어떤 순간이 오더라도
세상에서 가장 소중하고 중요한 건 바로 당신 자신이니까.

당신은 강한 사람이다.

불행의 한가운데 서있으면서도
무너지지 않고

꿋꿋이 당신의 인생을
살아가고 있으니.

이별을 하고 되는 일이 없었다

이별을 한 다음 날부터 온갖 불행들이 나를 덮쳐왔다.

회사에서 진행하던 프로젝트가 엎어졌고
함께 일하던 직원이 일을 그만두게 되어
내가 해야 할 일은 늘어났고
엄마가 갑자기 아프고
기대하고 있던 공모전에서 최종 탈락했다.

가뜩이나 힘든데 어디 한 번 힘들어 죽어보라는 듯
마치 우주의 모든 불행의 기운들이 나를 덮쳐오는 것 같았다.

이별을 하고 정말이지 되는 일이 없었다.
그래서 더 우울했고 살고 싶지 않았다.

사랑하는 사람과 헤어지고
하는 일마다 엎어지고, 떨어지고, 탈락하고,
이렇게 살아서 뭘 하나 삶에 회의가 들었다.

불행의 한가운데 내던져진 나는
하루에도 수천, 수만 번씩 죽고 싶다는 생각을 하면서
하루하루를 버텼다.

그러던 어느 날 문득 이런 생각이 들었다.
지금 이보다 불행한 순간은 앞으로 없을 테니
차라리 다행이라는 생각.
앞으로 어떤 불행이 닥쳐와도 이것보다는 낫겠지.
이보다 최악일 순 없겠지.

우습게도 불행 속에서
나는 작은 위안을 찾았다.

그리고 그날 이후부터
나를 덮치고 있던 불행의 기운들이
거짓말처럼 사라지기 시작했다.

회사에서 진행하는 새로운 프로젝트에 참여하게 되었고
신규 직원이 채용돼 나의 일을 분담할 수 있었고
엄마는 건강을 회복했고

공모전에는 탈락했지만 내 작품을 관심 있게 본 곳에서
좋은 제안을 받게 되었다.

이별의 아픔은 여전했지만 그때만큼 아프지는 않았고
더 이상 죽고 싶은 생각도 들지 않았다.

불행의 늪에서 빠져나온 나는 더욱더 단단해졌고
죽고 싶다는 생각은 다시 열심히 살아야겠다는
다짐으로 바뀌게 되었다.

그렇다.
끝나지 않을 것 같은 길고 긴 불행의 순간도
언젠가는 끝나기 마련이다.

누군가와 이별을 하더라도,
되는 일이 하나도 없더라도,
우주의 모든 불행한 기운들이
나를 덮쳐오는 것 같더라도,
시간이 지나면 다 괜찮아진다.

당신은 이내 괜찮아질 거고
당신에게는 반드시 더 좋은 날이 온다.

그리고 당신은 반드시
더 좋은 사람을 만나게 된다.

**그때 내가, 그 말을 하지 않았다면
우리는 헤어지지 않았을까?**

같은 문제로 계속해서 연인과 논쟁을 하다가
서운함이 폭발해
"너의 그런 점이 정말 싫어"라고 말한 적이 있다.

그 말이 시발점이 되어
결국 나는 이별을 하게 됐다.

이별 후 가장 많이 했던 생각은
내가 그 사람에게 했던 말에 대한 후회였다.

그 말만은 하지 말걸.
그때 한 번만 더 참을걸.
과거를 회상할수록 미련이 남고 후회가 됐다.

'그때 내가 그 말을 하지 않았다면
헤어지지 않았을 텐데.'

한동안은 그런 생각을 지울 수가 없었다.

하지만, 아마도 그 말을 하지 않았더라도
나는 결국 헤어졌을 것이다.

그때 그 말을 하지 않고 참았더라도
언젠가는 다시 또 그런 문제가 발생했을 거고
근본적인 문제가 해결되지 않는 한
언젠가는 그 말을 해야 하는 순간이 왔을 것이다.

이별의 원인은
헤어지기 전 내가 그 사람에게 했던 '그 말' 때문이 아니라
그 사람과 나 사이의 '그 문제' 때문이었다.

그만 자책하고, 이별을 받아들이자.

같은 문제가 반복된다는 건
그 사람의 잘못도, 나의 잘못도 아니다.
그건 그냥 그 사람과 내가 안 맞는 거다.

내가 '그 말'을 했기 때문에
이별을 한 게 아니라
내가 '그 말'을 하지 않았더라도
우리는 이별을 했을 것이다.

너와 나는 문제가 많았고
그 문제들에 대해
서로 조금도 맞춰갈 생각이 없었으니까.

피해야 할 사람

나를 진짜 좋아하는 사람은
나를 헷갈리게 하지 않는다는 말에
전적으로 동의한다.

나를 좋아하는 것 같기도 하고 아닌 것 같기도 하고.
애매한 행동으로 나를 헷갈리게 하는 사람이 주변에 있다면
그 사람에게는 마음을 주지 마라.

나를 좋아하는 사람은 나에게 확신을 준다.
애매한 태도로 나를 불안하게 하지 않는다.

나를 좋아하는 건지, 아닌 건지,
우리가 썸인 건지, 아니면 단순히 친한 건지,
그래서 우리는 어떤 관계인 건지,
자꾸만 헷갈리게 하는 사람이 있다면.

관심을 주지 마라.
당신에게 좋은 사람이 아니다.

그거 다 핑계예요

내가 늘 기다려야 하고
내가 늘 이해해야 하고
내가 늘 배려해야 하고
나의 희생을 당연하게 생각하는 사람 만나지 마세요.

바쁘다는 핑계로,
일이 많다는 핑계로,
피곤하다는 핑계로,
일방적인 당신의 희생만을 바라는 그런 사람 만나지 마세요.

바쁜 와중에도 시간을 내어
당신에게 먼저 연락을 하고
당신을 먼저 만나러 오고
당신의 마음을 먼저 헤아려주고
당신에 대한 고마움을 먼저 표현해주는
그런 사람을 만나세요.

이별은 냉정하게

내게 이별을 고하면서
눈물을 펑펑 흘리던 사람이 있었다.

지금은 누군가를 만날 마음의 여유가 없다며
안타깝지만 우리는 헤어져야 한다고.
먼 훗날 다시 만날 날이 있지 않겠냐고.

무척 고통스러운 표정으로
그 사람은 내게 이별을 이야기했다.

어쩔 수 없는 이별이라는 게 이런 거구나.
그때는 그렇게 생각했다.

그래서 헤어지고 나서도
언젠가는 그 사람이 돌아올 거라고 생각하며
오랫동안 그 사람을 기다리고
오랫동안 그 사람을 그리워했다.

하지만 안타깝게도
그 사람이 다시 돌아오는 일은 없었고
얼마 후 그 사람의 지인을 통해
그 사람에게 새로운 사람이 생겼다는 걸 알게 됐다.

사람의 마음은 변한다.
그 사람과 나는 이미 끝난 사이고
나와 헤어지고 당연히 새로운 사람을
만날 수도 있다고 생각한다.

하지만 그 당연한 사실을 받아들여야 하는 게
그때는 정말 힘들었다.

차라리 냉정히 나를 떠나지.
왜 다시 돌아올 것처럼 떠나서 괜한 희망을 갖게 한 건지.
마지막 순간까지 상냥하고 다정했던 그 사람이 참 많이 미웠다.

세상에 좋은 이별이란 건 없어요.

우리가 정말 끝난 사이라면
정말 끝난 사이라고,
다시 돌아올 마음이 없다면
다시는 돌아오지 않을 거라고,
기다려도 오지 않을 거라면
절대 오지 않을 테니 기다리지 말라고,
냉정히 말해주세요.

다시 돌아올 것처럼,
언젠가 다시 만날 수 있을 것처럼,
그렇게 아쉬운 듯 떠나지 말고.

내가 미련을 갖지 않게
조금의 희망도 품지 않게
그렇게 냉정히 나를 떠나세요.

최악의 이별

헤어지고 싶다는 티를 팍팍 내면서도
정작 헤어지자는 말은 하지 않는 사람이 있었다.

카톡을 보내면 한참 있다가 단답형의 대답만이 돌아오고
전화를 받지 않는 횟수가 늘어나고
전화를 받더라도 통화 시간이 5분이 채 지나지 않아
피곤하다며 끊어버리고
이 핑계 저 핑계로 약속을 미루는 날들이 많아지고
오랜만에 만나서는 지루한 표정을 짓고 있거나
나를 앞에 앉혀놓고 내내 핸드폰만 쳐다보고.

나에게도 그런 사람이 있었다.

변해버린 그 사람으로 인해
긴 시간 동안 마음고생을 하다가
결국에는 내 쪽에서 먼저 헤어지자고 했고
이별을 말하는 내게 그 사람은 이렇게 말했다.

"그래, 네가 헤어지고 싶다면 그렇게 해줘야지.
그래도 우리 참 좋았다. 그치?"

그 말을 듣고서야 알았다.

그가 이 순간만을 기다려왔다는 사실을.

헤어지자는 말을 먼저 하기 싫어서,
나쁜 사람이 되기 싫어서,
내 쪽에서 먼저 이별을 말하기를 기다리고 있었다는 걸.

그 사람의 진심을 알게 된 순간 정말 비참했고
고작 이런 사람을 위해 그동안 마음을 졸이고
눈물을 흘린 모든 순간들이 후회가 됐다.

좋은 추억, 좋은 사람으로 남고 싶어 했던
그 사람의 바람과 달리
그때의 이별은 내가 기억하는 최악의 이별이었고
그 사람은 내가 만난 사람 중 가장 비겁하고 나쁜 사람이었다.

혹시라도 이 글을 보고 떠오르는 사람이 있다면
우리 이제 그만 슬퍼하고 그 사람을 보내주자.

그 사람은 당신에게 좋은 사람이 아니다.
나쁜 사람이 되기 싫어 이별을 유도한 비겁한 사람일 뿐,
그런 사람을 위해 쏟은 당신의 진심과
당신이 흘린 눈물들이 아깝다.

좋은 사람, 착한 사람으로 남겠다는
욕심은 버리세요.
이미 준 상처가 이렇게 많은데
마지막에 그게 아니었다고 한들
당신이 한 모든 행동들이 없던 일이 되나요.

그때는 차마 말하지 못했지만
너는 정말 비겁했고
최악이었어.

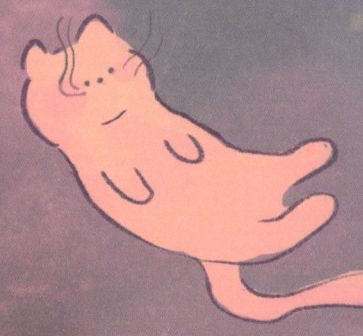

우리가 헤어진 이유

연락 문제로 연인과 많이 다퉜다.

처음에는 가벼운 다툼으로 끝났지만
점점 그런 일이 반복되면서 서로 감정의 골이 깊어졌다.

왜 이렇게 연락이 안 되냐고
속상해 하는 내게
그 사람은 바빠서 연락을 못 한 것뿐인데
이게 이렇게 화를 낼 일이냐며
자신에게 집착을 좀 그만하라는 말을 했다.

그리고 얼마 뒤 그 사람과 헤어졌다.

나는, 내가 집착이 너무 심한 탓에
헤어졌다고 생각했다.

하지만 그게 아니었다.

연락이 뜸한 너 때문에 내가 서운해 할 때면
너는 늘 피곤한 듯한 표정을 지었고

그 표정을 보고 내가 속상해 할 때면
너는 질린 듯 등을 돌리곤 했다.

우리가 헤어진 건 나의 집착 때문이 아니라
변해버린 너로 인해
내가 너무 많이 지쳐버렸기 때문이다.

바쁘다면 무엇 때문에 바쁘다고,
늦는다면 무엇 때문에 늦을 것 같다고,
제대로 설명을 해주세요.

괜한 사람 집착 쩌는 애인으로 만들지 말고.

고작 그 정도의 관계

사소한 문제로 연인과 다투다 헤어진 적이 있다.
그 사람은 나를 떠나며 이렇게 말했다.

"너를 사랑하지만
우리는 너무 안 맞는 거 같아.
헤어지자."

사랑하는데 왜 헤어져야 하지?

예전에는 이 말이 이해가 되지 않았다.
하지만 이제는 어렴풋이 알 것도 같다.

사랑하지만 떠난다는 말은
나를 사랑하는 마음보다
나를 떠나고 싶은 마음이 더 크다는 것.

나를 사랑하긴 하지만
그 '문제'를 감당할 만큼은 아니라는 것.

고작 그 정도의 마음일 뿐이라는 것.

변명하지 마세요.

당신은 너무 제멋대로고
나는 너무 지쳤고
우리는 고작 그 정도밖에
안 되는 관계였던 거예요.

당신 자신을 먼저 생각할 것

착하고 다정했던 남자친구에게
갑작스럽게 이별 통보를 받고
미쳐버릴 것 같은 때가 있었다.

당황+슬픔+아픔+분노+황당+의아+혼란 등등의
복합적인 감정들이 한꺼번에 나를 덮쳐왔는데
무엇보다 나를 가장 힘들게 했던 것은 '자책감'이었다.

그 사람은 이별의 이유를
'그냥 마음이 식은 것'이라고 했지만
나는 그 말을 받아들일 수가 없었다.

착하고 다정한 사람이었는데.
내가 무슨 잘못을 한 게 아닐까.
나도 모르게 그 사람한테 실수를 했나.
착한 그 사람이 갑자기 이러는 걸 보면
분명 나한테 문제가 있는 걸 거야.
그렇지 않고서야 그 착한 사람이 이럴 리 없어.

분명 다른 이유가 있을 거라고
나 자신을 원망하고 자책하고
그 사람에게 미안해했다.

그렇게 얼마간을 폐인처럼 지내다가
그 사람이 새로운 사랑을 시작했다는 걸 알게 됐다.

그 사람도 나와의 이별에 괴로워하고
아파하고 있을 거라고 생각했는데.
나와 헤어지고 얼마 안 가 새로운 사람이 생겼다는 소식은
나에게 충격이었다.

'마음이 식은 것'이라고 했던 그 사람의 말을 부정하며
그동안 그 사람에 대한 원망보다
나 스스로에 대한 자책을 더 많이 했던 시간들이 허무했다.

그 사람은 그냥 나에 대한 마음이 식었던 것뿐인데.
내가 그 사람에게 실수를 해서가 아니라,
용서받지 못할 잘못을 해서가 아니라,
그냥 그 사람은 나와 헤어지고 싶어서 헤어진 것일 뿐인데.

이별의 모든 원인을 나에게서 찾으려고 했던 순간들이
너무 바보 같았고
떠난 그 사람의 마음을 헤아리느라
내 마음을 돌보지 못했던 시간들이 후회스러웠다.

있는 그대로의 사실을 받아들이자.
그 사람은 착한 사람이었지만
나에 대한 마음이 식었고
그래서 나를 떠나간 것뿐이다.

걔가 왜 그랬을까 궁금해 하지 말고
걔한테도 사정이 있었겠지 이해해보려고 하지도 말고
걔는 그냥 그 정도밖에 안 되는 놈이구나 생각하자.

그 사람이 아무리 착했어도,
그 사람이 아무리 좋은 사람이었어도,
당신을 버리고 떠났다는 사실은 변하지 않는다.

당신을 버리고 떠난 사람을 위해
당신이 그렇게 오랜 시간 자책하고
미안해하지 않아도 된다.

그 사람이 자신의 평안과 행복을 위해 떠났듯
당신 역시 지금부터는 당신 자신의
평안과 행복만을 생각하며 살아가면 된다.

이별 후 깨닫게 된 것

1. 그래도 배는 고프다.

2. 그놈이 좋은 놈이었는지
   나쁜 놈이었는지는 중요하지 않다.

3. 한 번 떠난 놈은 다시 돌아오지 않는다.

4. 시간은 약이다.

5. 그놈이 나를 놓친 것뿐,
   나는 여전히 예쁘고 소중하다.

시간에 속지 말자

누군가 그랬다.
시간이 지나면 이해되지 않았던 것들도 이해가 되고
화해할 수 없는 것들과도 자연스럽게 화해할 수 있게 된다고.

그래서일까.
자꾸만 그 사람이 그리워진다.

그때 그 사람을 지금 다시 만날 수 있다면 좋을 텐데
하는 그런 생각이 들곤 한다.

시간이 흐르면 추억은 미화된다.
안 좋은 기억보다는 좋았던 순간이 더 많이 생각나고
상처받은 기억보다는 그 사람으로 인해
행복했던 일들이 더 많이 떠오른다.
그래서 그때 그 순간이 자꾸만 아쉽고
그때 그 사람이 자꾸만 그리워지곤 한다.

하지만 시간에 속아 같은 실수를 반복하지는 말자.

그때 그 순간, 당신은 분명 아팠고 그 사람은 분명 나빴다.
그 사람은 당신에게 좋은 사람이 아니었다.

헤어진 다음 날
자주 가는 인터넷 사이트에
이런 글을 올린 적이 있다.

"오늘 헤어졌어요. 그 사람보다
더 좋은 사람을 만날 수 있을까요?"

다음 날 답글이 달렸다.

"네. 만날 수 있습니다.
그리고 알게 될 거예요.
그 사람은 당신에게 결코
좋은 사람이 아니었다는 걸."

헤어져줘서, 고맙다

헤어진 사람에 대해 안 좋은 이야기를 하는 건
결국 자기 이미지를 깎아 먹는 일이라는 말을 들은 적이 있다.

맞는 말이라고 생각한다.

한때 내가 많이 사랑했던 사람이고
나와 많은 순간을 함께했던 사람인데
헤어졌다고 해서
그 사람에 대해 안 좋은 이야기를 하는 건
내가 생각해도 좀 별로인 것 같다.

무엇보다 그로 인해
내 이미지가 나빠질 수도 있다는 사실이 싫다.

하지만 어떤 종류의 이별 앞에서는
이따금씩 이런 생각이 들기도 한다.

내가 왜 그 사람을 사랑했을까, 하는 그런 생각.

내가 못나서가 아니다.
내가 찌질해서가 아니다.

살다보면 그런 생각이 들게 하는 사람들이 종종 있다.
그러니까 가끔은 좀 솔직해져도 된다.

내 이미지가 깎이는 게 싫어서
아무한테도 말 못 했지만
넌 정말 별로였고, 나쁜 놈이었어.

고맙다. 헤어져줘서.

새벽 두시

그냥 놓아주세요.

지금 이 시간까지
걱정하게 하고
불안하게 하고
잠 못 들게 하는 그 사람은
당신에게 좋은 사람이 아닙니다.

'원래'라는 건 없다

꿈에 그리던 이상형과 사귀게 된 적이 있다.
그 사람과 함께 있는 것만으로도 너무 좋아서
그 사람이 하는 말이라면 뭐든 다
들어주고 받아주고 맞춰주려고 했다.

그러다 보니 그 사람은 점점 제멋대로 행동하게 되었고
나는 그런 상황에서도
그 사람과의 관계를 계속 유지하고 싶은 마음에
그 사람에게 뭐라 하지도 못하고 마음고생을 많이 했다.

그러던 어느 날 그 사람과 나 사이에 어떤 문제가 생겼고
그 사람은 그날도 어김없이 나의 기분을 배려하지 않은 채
자기 마음대로 행동하려고 했다.

그리고 그런 그 사람에게 이미 지칠 대로 지쳐버린 나는
그날 처음으로 그 사람에게 화를 냈다.

사랑하는 사람에게 안 좋은 말을
해야 하는 상황이 편하지는 않았다.
그래서 화를 내면서도 나는 마음이 아팠다.

하지만 내 마음을 더 아프게 했던 건
내 말을 들은 후 그 사람이 보인 반응이었다.

"갑자기 왜 그래?"
"너 원래 이렇게 냉정한 사람이었어?"

그 사람은 상처받은 표정으로 그렇게 말했다.

그동안 자기가 해온 행동들은 생각하지 못한 채
갑자기 돌변한 내가 나쁜 거라고 몰아세우며
본인은 아무 잘못이 없는 척, 상처받은 얼굴을 했다.

그 사람을 만나고
그 사람을 사랑하고
그 사람에게 잘해준 걸
그때 처음으로 후회했다.

세상에 '원래'라는 건 없다.

나는 '원래' 잘 참는 사람이 아니라
너의 말이 변명이라는 것을 알고 있지만
너와 계속 좋은 관계이고 싶어서
억지로 너를 참아준 사람이라는 걸,

나는 '원래' 눈치 없는 사람이 아니라
너의 말이 거짓이라는 걸 알고 있지만
너를 잃고 싶지 않아서 모르는 척
억지로 너에게 속아준 사람이라는 걸,

나는 '원래' 무던한 사람이 아니라
너의 말이 핑계라는 걸 알고 있지만
우리 관계가 깨지는 게 싫어서
억지로 괜찮은 척한 사람이라는 걸.

나의 희생을 당연하게만 생각하는 사람에게
내 희생은 당연한 게 아니라
나의 노력과 배려였다는 걸 알려줄 필요가 있다.

그 사람을 사랑한다고 해서,
내가 더 많이 좋아한다고 해서,
모든 것들을 다 받아주고 참아주고 맞춰주지는 말자.

고마움이 무엇인지 모르는 사람에게
우리가 모든 것들을 다 맞춰줄 필요는 없다.

다음은 없다

다음에, 라는 말을
입버릇처럼 하던 사람과 만난 적이 있다.

어디를 가자고 하면
다음에 가자고 하고
무언가를 같이하고 싶다고 하면
다음에 같이하자고 하던 사람.

처음에는 바쁘니까 어쩔 수 없다고 생각했다.
하지만 시간이 많이 흐른 후 알게 됐다.

그 사람은 바빴던 게 아니라
단순히 그 상황이 피곤하고
귀찮은 거였다는 걸.

나를 정말 사랑하는 사람이라면
매 순간 나를 기다리게 하지 않는다.

다음에 가자,
다음에 하자,

다음에,
다음에,

그렇게 넘겨버리는 수많은 순간들이 모여서
이별이 온다.

피곤하고 귀찮다고 해서
사랑하는 사람과 함께할 소중한 시간들을
다음으로 미루지 말자.

나중에 가서 후회해봤자 그 사람은 이미 떠나고 없다.

PART 3

기적과 같은 일이,
내게도 일어나기를

기적과 같은 일이, 내게도 일어나기를

내가 좋아하는 사람 vs 나를 좋아하는 사람

둘 중 하나를 고르라는 선택지를 보고
한참을 망설였던 기억이 난다.

내가 좋아하는 사람의 경우에는
나를 좋아하지 않거나
내게 특별히 관심이 없거나
내게 관심이 있더라도 나만큼의 마음은 아닐 때가 많았고,

나를 좋아하는 사람의 경우에는
내 타입이 아니거나
관심이 가지 않는 사람이거나
내가 연애 대상으로 생각하지 않는
전혀 뜻밖의 인물일 때가 많았기 때문이다.

선택의 기로에서 어린 시절에는 전자를 선택했을 때가 많았고
나이가 들어서는 후자를 선택했을 때가 많았다.

하지만 어느 쪽을 만나도 나는 온전히 행복해질 수 없었다.

내가 좋아하는 사람을 만났을 때는
상대방의 마음을 알 수 없어 마음이 불안했고,

나를 좋아하는 사람을 만났을 때는
보답할 수 없는 마음 때문에 마음이 불편했다.

흔히 내가 좋아하는 사람이 나를 좋아할 확률은
기적과도 같은 일이라고들 한다.

그래도 나는 그런 사람을 만나고 싶다.

나만 그 사람을 좋아하는 게 아니라,
그 사람만 나를 좋아하는 게 아니라,
서로 같은 마음으로 통할 수 있는 그런 사람을 만나고 싶다.

그런 기적 같은 일이
내게 일어나기를 바라고

여러분들 앞에도
그런 기적 같은 인연이 나타나기를

진심으로 바라고 응원한다.

다시, 사랑할 수 있을까

미친 듯이 누군가를 사랑했고
미친 듯이 그 누군가와 싸웠다.
사랑하고, 싸우고, 화해하고,
다시 사랑하고, 싸우고, 화해하고.

질리도록 그걸 반복한 끝에 이별을 하게 됐다.

지친 연애가 끝난 후 들었던 생각은
다시 사랑할 수 있을까, 였다.

사람에 너무 지치고 질려서
다시 누군가를 만날 엄두도 나지 않았고
그 사람과 연애를 하며
내 마음 모두를 쏟아부었다고 생각했기 때문에
내가 다시 사랑할 수 있을지,
누군가에게 다시 마음을 줄 수 있을지,
사랑과 연애에 대해 회의감만 들었다.

사랑 따위,
연애 따위,

두 번 다시 하지 않을 거라 다짐했었다.

하지만 얼마간의 시간이 흐른 후
나에게는 새로운 사람이 생겼고
다시 사랑할 수 있을까,
고민했던 시간들이 무색할 만큼
나는 행복한 연애를 하고 있었다.

때로, 시간은 우리에게 깨우쳐주곤 한다.
시간이 지나면 모든 것들이 다 괜찮아진다는 것을.

그러니까, 이 글을 보고 있는 당신도 괜찮다.
당신을 힘들게만 했던 그 사람과의 이별이
지금 이 순간은 너무 힘들고, 괴롭고, 고통스러울지 몰라도
당신은 곧 괜찮아진다.

멀지 않은 미래에,
그 사람보다 더 좋은 사람이 나타날 거고
당신은 반드시 그 사람과 함께 행복한 연애를 하게 된다.

연애를 해야 하는 이유

• 연애의 안 좋은 점 •

1. 살이 찐다.
2. 감정 소모가 심해진다.
3. 혼자만의 시간이 줄어든다.
4. 친구들을 마음대로 만날 수가 없다.
5. 지출이 늘어난다.

• 연애의 좋은 점 •

앞에서 말한 모든 안 좋은 점을 이길 만큼
삶이 행복해진다.

여자들의 사랑

연애 중인 친구에게
남자친구와 뭘 할 때가 가장 즐겁냐고 물었더니
아무것도 하지 않고
같이 있는 것만으로도 즐겁다고 했다.

그럼 남자친구가 옆에 없으면
즐겁지 않은 거냐고 물었더니
옆에 있지 않아도 남자친구 생각을 하면 즐겁다고 했다.

사랑이란 이런 게 아닐까.

그 사람과 함께하는 것만으로도 즐거운 것.
그 사람이 없어도 그 사람을 생각하는 것.
그 사람을 떠올리는 것만으로도 행복한 것.

지금 내 옆에 있는 여자친구에게
잘해주세요.

당신이 곁에 없을 때도
당신만을 생각하며
행복해하는 사람이니까요.

세상에서 제일 좋아

남자친구에게 이상형이 어떤 사람이냐고 물었더니
착하고 귀여운 여자가 이상형이라고 했다.

그래서 다시 물었다.
착하고 귀여운 여자가 이상형인데 왜 나를 만나냐고.

남자친구는 1초의 망설임도 없이 이렇게 대답했다.

"나한텐 네가 제일 착하고 네가 제일 귀여워."

그때는 그냥 웃고 넘겼는데
지금도 한 번씩 잠을 자려고 누웠을 때
그 말이 생각나 나도 모르게 미소를 짓곤 한다.

> 세상에서
> 내가 제일 착하고
> 내가 제일 귀엽고
> 내가 제일 사랑스럽고
> 내가 제일 좋다는
> 그런 사람을 만나세요.

너였으면

혼자라는 생각이 들 때가 있다.

혼자 밥을 먹다가,
혼자 길을 걷다가,
혼자 비 오는 풍경을 바라보다가,
혼자 불 꺼진 방 안에 들어오다가.

그냥 문득 혼자라는 생각에
기분이 울적해지는 그런 날이 있다.

그런 외로운 날,
내 옆에 누군가 있어준다면 좋겠다.

너는 혼자가 아니야,
너한텐 내가 있잖아,
어디야? 걱정돼. 내가 지금 갈까?
라는 말을 해주는 사람이 있었으면 좋겠다.

그리고 그 사람이
지금 내 앞에 있는 너였으면 좋겠다.

내가 만나고 싶은 사람

예전에 만났던 사람은 내 손이 차가워서
겨울에는 손을 잡아주기 힘들 거 같다며
내게 장갑을 선물해주었다.
그래서 손이 차가운 건 항상 나의 단점이라고만 생각했다.

내 손이 조금만 더 따뜻했다면
한겨울에도 누군가의 손을 따뜻하게 녹여줄 수 있을 텐데.

따뜻하지 못해 내쳐지는 손이 안쓰러웠지만
어쩔 수 없는 일이라고 생각했다.

그러다 시간이 흘러 그 사람과 헤어지고
다른 사람을 만나게 됐는데
그 사람은 내 손이 차가워서 오히려 다행이라고 했다.

추운 겨울에는 그 사람이 내 손을 잡아주면 되고
더운 여름에는 내가 그 사람의 손을 잡아주면 되니까.

겨울에는 춥다는 핑계로,
여름에는 덥다는 핑계로,
우리는 1년 365일 손을 잡을 수 있는 거 아니냐며
오히려 좋아하는 그 사람의 모습을 보며
나는 많은 위안을 받았다.

지금 내 모습이 마음에 들지 않는다고
다른 모습으로 변하기를 바라는 사람보다는
있는 그대로의 내 모습을 사랑해줄 수 있는
그런 사람을 만나
그런 사람과 함께 살아가고 싶다.

기억해요

누군가 나를 좋아하면
나 같은 걸 왜 좋아하지, 의심하지 말고
저 사람 참 사람 보는 눈이 있구나, 생각하세요.

당신은,
당신이 생각하는 것보다
훨씬 더 매력적인 사람이니까.

        누군가 나를 싫어하면
        내가 뭘 잘못했나, 고민하지 말고
        저 사람 참 보는 눈이 없구나, 생각하세요.

        당신은,
        당신이 생각하는 것보다
        훨씬 더 괜찮은 사람이니까.

망고 튤립의 꽃말이 뭔지 알아?

감정 표현에 서툰 사람과 만난 적이 있다.
좋아해도 좋아한다는 말을 잘 못하고
상대가 애정을 표현하면
부끄러워서 어쩔 줄을 몰라 하는 그런 사람.

그런 사람이 어느 날 나에게 꽃을 선물했다.

기념일도 아니고 특별한 날도 아닌데
갑작스러운 꽃 선물에 좀 어리둥절해서
웬 꽃이냐고 물었더니
이 꽃이 요즘 한참 인스타그램에서 핫한
망고 튤립이라는 꽃이라서 나에게 주고 싶었다고 했다.

그 말을 듣고 애써 아무렇지 않은 척했지만
사실은 하늘을 날아갈 것처럼 기분이 좋았다.

감정 표현에 서툰 사람이
사람들이 많이 지나다니는 거리에서
한참을 꽃을 들고 나를 기다려줬다는 사실이 기뻤다.

남자친구에게 꽃 선물을 받았을 때 기분이 좋은 이유는
단순히 예쁜 꽃을 선물 받았기 때문이 아닌,
나에게 꽃을 선물하기 위해
꽃집에 가서 꽃을 사고,
꽃을 들고 나를 만나러 오는 내내,
남자친구가 매 순간
내 생각을 했다는 사실 때문이 아닐까.

그날, 함께 산책을 하면서 남자친구가 말했다.

"망고 튤립의 꽃말이 뭔지 알아?"
"뭔데?"
"수줍은 고백, 영원한 사랑."

나의 가치를 아는 사람

예쁘다는 말을 잘 해주는 사람과 만나세요.

머리 묶으니까 예쁘다,
웃으니까 더 예쁘다,
눈이 예쁘다,
손가락이 예쁘다,
볼살이 사랑스럽다,

사소한 것 하나도 그냥 지나치지 않고
나의 모든 것들이 예뻐 죽겠다는 그런 사람 만나세요.

어떤 사람은
반짝반짝 빛나는 내 모습을 보고도
나를 그냥 지나치지만
어떤 사람은 내가 빛나지 않는 순간에도
나의 가치를 알아보고 내 옆에 머무르곤 합니다.

내가 좀 부족하고 서툴더라도
있는 그대로의 나를 사랑해주고
아껴주는 그런 사람과 함께 살아가세요.

완벽한 모습으로 꾸며내어야지만
나를 바라봐주는 그런 사람 말고.

과거는 과거로 묻어두기

지금 만나는 사람의 과거에 대해서는
질문을 하지 않으려고 한다.

나를 만나기 전 어떤 사람을 만났는지,
어떤 연애를 해왔는지,
궁금할 때가 있지만 질문을 늘어놓진 않는다.

어떤 대답이 돌아와도 좋진 않을 것 같다.
예전에 만났던 사람이 좋았다고 하면
지금의 내 모습과 계속 비교하게 돼서 괴로워질 것 같고,

예전에 만났던 사람이 나빴다고 하면
혹시라도 나와의 관계에서도 그런 불편함을 느끼지 않을까,
하는 생각에 내내 불안할 것 같아서.

과거는 과거로 묻어두려고 한다.
어찌 됐건 그 사람이 지금 만나고 있는 사람은 나고
지금, 그 사람에게 있어 가장 소중한 사람도 나일 테니까.

확신을 줄 수 있는 사람

누군가에게 마음을 여는 일이 점점 더 어려워진다.
믿을 수 있는 사람이라고 생각해서 내 마음 모두를 보여줬는데
그 무모한 믿음이 상처가 되어 돌아올 때가 많았기 때문이다.

가장 가까웠던 사람이 남이 되어
떠나가는 모습을 지켜봐야 하는 게
얼마나 가슴 아픈 일인지 알게 된 이후로는
새로운 누군가를 만나는 일도,
그 사람에게 내 마음을 보여주는 일도,
점점 더 머뭇거리게만 되는 것 같다.

내가 다가가도 되는지,
이대로 마음을 열어도 되는지,
지금 내 앞에 있는 당신은
나에게 확신을 줄 수 있는 사람이었으면 좋겠다.

당신에게 묻고 싶다.
내가, 다가가도 될까요?

이런 사람 만나세요

어릴 때는
무심한 듯 시크하면서도 한 번씩 나를 챙겨주는
그런 반전 매력이 있는 사람에게 끌렸는데,

지금은
그저 다정하고
그저 자상한 사람이 좋다.

나이가 들면서 알게 됐다.
한 번씩 나를 챙겨주는 사람은
한 번씩만 내게 감동으로 다가오지만
항상 다정한 사람은
매 순간 내게 감동으로 다가온다는 사실을.

> 한결같이,
> 당신에게 다정한 사람을 만나세요.
> 가끔가다 한 번씩,
> 당신에게 다정한 사람 말고.

제발

남을 이해하고
남을 위로하고
남을 사랑하는 사람이
되려 하기 전에

나를 이해하고
나를 위로하고
나를 사랑하는 사람이
먼저 되기를.

있는 그대로의 그 사람을 사랑해주기

나로 인해 누군가가 변할 수 있다고
생각하는 것만큼 큰 착각은 없다.

내가 누군가를 변하게 할 수도 있겠지, 라는 희망을 가지고
누군가의 변화를 기대하는 순간부터
그 관계는 불행해지기 시작한다.

사람은 그렇게 쉽게 변하지 않는다.

누군가에 의해, 어떤 상황에 의해,
잠깐 변할 수는 있겠지만
자신의 의지로 인한 변화가 아니라면
금방 본래의 모습으로 돌아가기 마련이다.

누군가 내가 원하는 모습으로 변하기를 바란다면
왜 그 사람의 변화를 바라는지부터 먼저 생각해봐야 한다.

그 사람이 변하기를 바라는 게
그 사람을 위해서인지,
아니면, 단순히 나의 욕심을 채우기 위해서인지.

내가 좋아하는 모습으로
그 사람을 바꾸려고 하지 말고

있는 그대로의 그 사람을
사랑해줄 수 있는 당신이 되기를.

세상에서 내가 제일
예쁘다는 사람을 만나세요

예전에 만났던 남자친구는
세상에서 내가 제일 예쁘다고 했다.

매일 하루도 빠짐없이,
만날 때마다 내게 예쁘다는 말을 해주었다.

하지만 그때는 그 사람의 말을 믿지 못했다.

세상에 예쁜 사람이 얼마나 많은데.

그냥 나 좋으라고 하는 소리겠지,
내가 여자친구니까 그렇게 말해주는 거겠지,
진심은 아닐 거야,
그렇게 생각했던 것 같다.

그런 그의 말이 진심이라는 걸 알게 된 건
시간이 좀 더 흐른 뒤였다.

그 사람을 만나면서
그 사람이 점점 더 좋아지면서

그 사람의 모든 것들이 다 예뻐 보이고
그 사람에 대한 마음이 커질수록
그 사람의 모든 것들이 다 좋아 보였다.

누군가를 진심으로 좋아하면
그 사람의 모든 것들이 다 좋아 보이고
그 사람의 모든 것들이 다 예뻐 보일 수도 있다는 걸
그때 알게 됐다.

내가 제일 예쁘다는 사람 만나세요.

나를 너무 좋아해서
내 모든 게 예뻐 보이고
세상에서 내가 제일 좋다는
그런 사람과 사랑하세요.

나에게

아침에 눈을 떴을 때
불안과 걱정 없이 설레는 마음으로
하루를 시작할 수 있기를.

잠들기 전 떠오르는 얼굴은
내게 상처 준 이들의 얼굴이 아니라
내가 사랑하는 이들의 얼굴이기를.

바라고 원하던 일들이 눈앞에 펼쳐지고
좋은 사람들과 좋은 소식으로
하루를 가득 채울 수 있기를.

아주 아주 예쁘고 좋은 날에
예쁘고 좋은 사람을 만나
예쁜 사랑 하게 되기를.

다시, 연애가 하고 싶어졌다

웃는 모습이
예쁜 사람은 많이 만나봤지만

웃는 모습이
진짜진짜진짜진짜진짜진짜
진짜진짜진짜진짜진짜진짜
이렇게이렇게이렇게이렇게
이렇게이렇게이렇게이렇게
예쁜 사람은 처음 만나봤어요.

그러니까 많이 웃어요.
너는 웃는 모습이 제일 예쁘니까.

행복의 형태

행복이란 뭘까요, 라는 질문에
가만히 고개를 들어
너를 바라보는 게

내 대답.

행복이란 무엇일까요, 라는 질문에
어릴 땐 돈을 많이 버는 것이라고 대답했고
나이가 좀 들어서는
내가 바라고 원하는 꿈들을 모두 이루는
것이라고 답했다.

어떻게 하면 돈을 더 많이 벌 수 있을까,
어떻게 하면 꿈을 더 빨리 이룰 수 있을까,
그런 생각을 하느라 행복은 늘 멀리 있다고만
생각했다.
열심히 노력해야만 이룰 수 있는 게 행복이라고
생각했다.

그때보다 나이가 더 들어버린 지금에서야
행복이라는 게 그렇게 거창하지 않아도
된다는 걸 알게 됐다.

내가 모르고 있었을 뿐,
행복은 언제나 나의 가장 가까운 곳에 있다는 걸.

소개팅

〈그 여자〉

눈이 참 예쁘시네요, 라고 해서
마스크를 벗었을 때 모습이 못나 보이면
어쩌나 걱정했는데

마스크 벗은 내 모습을 보고는
눈만 예쁜 게 아니네요, 라고 하며
은은히 미소 짓는 모습에
나는 그만 사랑에 빠져버리고 말았다.

〈그 남자〉

눈만 예쁜 게 아니네요,
마스크를 벗고 눈이 마주친 순간
나도 모르게 나와버린 말에
혹시라도 부담스러워한다면
어쩌나 걱정을 했는데

기분 좋은 듯 환하게 웃는 얼굴이
너무 사랑스러워서
나는 그만 사랑에 빠져버리고 말았다.

연애하면 좋을까요?

좋을 거야.

물론 만나다 보면 매일 그렇게 좋은 날만 있진 않겠지.
사소한 문제로 서로 다툴 수도 있고
오해가 생겨 서로 힘들고 속상한 날이 있을 수도 있겠지.
어떻게 매번 좋기만 하겠어.

하지만 연애라는 건
원래 서로가 서로에게 맞춰가는 거잖아.

네가 힘들어하면 무엇 때문에 힘들어 하는지
네가 속상해하면 무엇 때문에 속상해 하는지
네가 나를 오해하면 무엇 때문에 나를 오해하는지
나는 항상 너에게 관심을 가지고
너의 말에 귀를 기울일 거야.

매일 매일이 좋을 순 없겠지만
매일 매일 좋은 날이 될 수 있게 노력할 거야.

그러니까,

나랑 연애하자.

그냥

좋아서

좋은걸

좋다고

하는 것일 뿐.

무슨 말이 더 필요할까.

너를 좋아하는 이유를
생각해보라고 하면
너무 많아서 헤아릴 수가 없을 정도인데
막상 너를 좋아하는 이유를
말로 표현해보라고 하면
어떤 말로 표현해야 할지를 모르겠다.

그래서 나는 '그냥'이라고 한다.

너를 좋아하는 이유는
수천, 수만 가지가 넘지만
그 모든 이유들이 아니더라도

나는,

그냥,

네가,

좋다.

문득

오늘 아침 눈을 떴는데
그냥 문득 이런 생각이 들었어.

문득,
당신도 지금 이 순간
내 생각을 하고 있으면 좋겠다는
그런 생각.

그냥 문득 내 생각하기를.
지금 이 순간 내 생각하기를.
아침에 눈 뜨면 내 생각하기를.
예쁜 걸 보면 내 생각하기를.
잠들기 전 내 생각하기를.
하루 종일 내 생각하기를.

지금 이 글을 읽고 내 생각하기를.

있잖아

너와 주고받은
별 내용 없는 카톡을
밤새도록

보고
보고
보고
보고
보고
또 보고 있다면

이건 사랑일까.

바라만 보고 있어도 위로가 되는 것들이 있다.
생각만 해도 기분이 좋아지는 것들이 있다.

집 앞 화단에 핀 꽃.
구름 한 점 없는 청명한 하늘.
파도가 넘실거리는 겨울 바다.
내 방 침대에서 낮잠을 자고 있는 댕댕이.

그리고,

너에 대한 모든 것.

당신을 좋아하는 이유

당신은 참 이상한 사람이다.

내가 없는 곳에서는
상냥하게 나에 대한 이야기를 하면서
막상 내 앞에 서면
내 이름조차 부르지 못하고,

나에게 관심을 두지 않는 척하면서
내가 다른 곳을 바라보는 사이
멍하니 나를 바라보는가 하면,

어쩌다 나와 눈이 마주칠 때면
허둥지둥 시선을 피하곤 한다.

진짜 이상한 사람이다.

"좋아한다"는 말은 못하면서
"그냥 문득 네 생각이 났다"는 말을 아무렇지 않게 하고

"사랑한다"는 말은 못하면서
"그냥 문득 네가 보고 싶다"는 말로 나를 설레게 하곤 한다.

당신이 좋다.

나를 향한 손짓 하나에도 한없이 서툰 사람.
그렇지만 온 마음이 나를 향해 있는 사람.

넌, 감동이었어

나를 감동하게 하는 건 언제나 작고 사소한 것들이었다.

차가운 내 손에 쥐어 주던 따뜻한 캔 커피,
나를 웃게 하려고 했던 썰렁한 농담,
기분이 울적한 날 주었던 초콜릿 한 조각,
스치듯 했던 말을 기억하고
"괜찮아?"라고 물어봐주던 누군가의 배려 같은 것.

당연하게 생각하고 그냥 지나쳐버릴 때가 많았다.
너무 작고 사소한 것들이라 금방 잊어버리곤 했다.

이제는 그 모든 것들을
하나하나 기억하는 삶을 살아야겠다.

내 옆에 있는 사람에 대한 고마움을.
이렇게 따뜻하고 좋은 사람이 내 옆에 있다는 것을.

바보야

비가 와서 네 생각이 났다는 건 거짓말이야.
사실 매일 네 생각을 해.

날씨가 좋은 날에는
날씨가 좋아서,

비가 오는 날에는
비가 와서,

바람이 부는 날에는
바람이 불어서,

매 순간 네 생각을 해.

고백할게.

심심해서 그냥 한번 연락해봤다는 말은
너에게 연락을 하기 위한 핑계였고
잠이 오지 않아서 전화했다는 말은
사실 네 목소릴 듣기 위한 핑계였어.

바보야. 너를 좋아한다는 말이야.

누군가를 좋아할 때

증상

1. 궁금하다.
2. 하루 종일 생각난다.
3. 바라보면 기분이 좋아진다.
4. 세상 모든 것들이 아름다워 보인다.
5. 별거 아닌 말에도 웃게 된다.
6. 사소한 것에 의미를 부여하고 싶어진다.
7. 항상 예쁜 말만 해주고 싶다.
8. 그런데 나도 모르게 가끔 미운 말을 하게 된다.
9. 때로 힘들다. 마음이 마음대로 안 돼서.
10. 그럼에도 불구하고 좋아하는 걸 멈추고 싶지 않다.

인스타그램

진짜 좋은 사진에만
'좋아요'를 누른다는 너의 말을 듣고
앞으로 나는 네 사진에만
'좋아요'를 눌러야겠다고 다짐했다는 걸
너는 알까.

나는 너를 좋아해.
나는 너만 좋아해.

나는, 나 좋다는 티를 팍팍 내주는 사람이 좋다.

주변 사람들이 모두 알아챌 정도로
인스타그램이든 페이스북이든 카톡 프로필이든
모든 곳에 나와 함께 찍은 커플 사진을 올려두고
이 사람이 내 여자친구라고
당당하게 말해주는 사람이 좋다.

유치하다는 이유로,
친구들에게 놀림받는다는 이유로,
이런저런 핑계로
내가 여자친구라는 사실을 숨기려는 사람 말고

내가 좋으면 좋다고
내가 좋아 죽겠으면 좋아 죽겠다고
나 좋다는 티를 팍팍 내주는 그런 사람이 좋다.

너는

어둠을 모르는 사람처럼
반짝반짝 빛나기만 해라.

그늘을 모르는 사람처럼
부지런히 따뜻하기만 해라.

구김을 모르는 사람처럼
내내 사랑스럽기만 해라.

너에게

내가 속상하다고 하면
따지려고 하지 말고
속상한 내 마음부터 좀 달래줘라.

내가 서운하다고 하면
이해가 안 되더라도
그냥 나를 꼭 좀 안아줘라.

그거면 된다.

친구에게

내가 그렇게 별론가
마음 졸이게 하는 사람 말고

내가 그렇게 좋은가
가슴 설레게 하는 사람을 만나.

이상형

감정표현에 솔직한 사람이 좋다.

밀당이니 뭐니 하면서
카톡이 온 걸 알면서도 바로 확인을 하지 않고
20분을 기다렸다 뒤늦게 확인을 한다든가,
매일 아침마다 연락을 하다가
어느 날 갑자기 저녁이 되도록 연락을 하지 않는다든가,
그런 식으로 나를 애태우는 사람 말고

좋으면 좋다고
보고 싶으면 보고 싶다고
자신의 마음을 숨기거나 재지 않고
지금 이 순간 나에 대한 마음이 어떤지
자기 마음을 솔직하게 말해주는 사람이 좋다.

내가 "보고 싶어"라고 말하면
너무 좋아서
벅차오르는 마음을 숨기지 못한 채
"나도 보고 싶어 죽을 것 같아"라고 말해주는 사람.

그런 솔직한 사람이 좋다.

나랑 만나

사람은 자기와 비슷한 사람을 만나야 된대요.

그러니까,
예쁘고 따뜻한 너는
예쁘고 따뜻한 사람을 만나세요.

너를 만나,
나를 더 사랑하게 되었어

"너는 손이 참 시원한 것 같아"라는 말을 들은 이후부터
'내 손은 차가운 게 아니라, 시원한 거구나'라는 생각을 하게 됐고
"너는 참 섬세한 것 같아"라는 말을 들은 이후부터
'나는 예민한 게 아니라, 섬세한 거구나'라는 생각을 하게 됐다.

너로 인해 알게 됐다.

나는 차갑고 예민한 사람이 아니라는 걸.

내가 이렇게 시원하고
이렇게 섬세한 사람일 수도 있다는 걸.

너를 만나,
너를 좋아하게 되면서,
알게 됐다.

내가 이렇게 괜찮은 사람이라는 걸.

대성공

성공한 인생이란 게 뭐 별거 있나요.

다 때려 치고 싶게 만드는 인간 100명 있어도
다 해내고 싶게 만드는 사람 1명만 내 옆에 있으면

그게 성공한 인생 아닐까요.

        해 질 녘 창가에 앉아
        노을이 지는 산언덕을 바라보다가
        오늘은 꼭 죽어야겠다는 생각을 했다.

        그런 생각을 하는 찰나
        너에게서 카톡 한 통이 왔다.

        "요즘, 많이 힘들지?"

        그 순간 나는 다시 살고 싶어졌다.

가끔 궁금해

오늘도 이렇게 예쁜데
내일은 얼마나 예쁠까,

너는.

공부를 하다가 멍하니
네 생각에 빠지게 되는 시간이 늘어났고
네 사진을 보며 혼자 피식거리게 되는 순간이
많아졌고
너는 지금 뭘 하고 있을까 궁금해 하는 게
나의 일상이 돼버렸어.

이제 좀 알 것 같아.

너를 생각한다는 건
내가 그만큼 너를 좋아한다는 것.
너의 일상이 궁금하다는 건
내가 매 순간 너와 함께하고 싶다는 것.

봄

당신의 오늘이

너무 외롭지 않게

그 옆에는 예쁘고 좋은 사람이

머무르기를.

연애하세요

하루가 너무 지쳐
내일이 오지 않았으면 좋겠다는 생각으로
매일 밤 잠이 들고
아침에 눈을 떠서는
제발 지구가 망해버렸으면 좋겠다는 생각으로
하루를 시작하곤 했다.

나는 그렇게 재미없고 지루한 삶을 살아가고 있었는데
너를 만난 이후부터 내 삶이 달라졌다.

잠들기 전 네 생각을 하는 것만으로도 삶이 즐겁고
아침에 네 목소리를 듣는 것만으로도 하루가 행복하다.

지금 내 삶이 너무 여유가 없고
내가 너무 힘들다고 해서
누군가를 사랑하는 일마저 미루지 마세요.

부지런히 사랑하고,
부지런히 연애하세요.

누군가를 사랑하고
누군가와 연애를 하면
그 사람이 곁에 있는 것만으로
삶이 반짝반짝 빛나게 됩니다.

좋아 보이더라.

잘 웃고

예쁘고

여전하더라.